Impressum
Verlag: BABADADA GmbH, Nedderfeld 112 , 22529 Hamburg
Geschäftsführer / Verlagsleitung: Harald Hof
Druck: Books on Demand GmbH, In de Tarpen 42, 22848 Norderstedt

Imprint
Publisher: BABADADA GmbH, Nedderfeld 112 , 22529 Hamburg, Germany
Managing Director / Publishing direction: Harald Hof
Print: Books on Demand GmbH, In de Tarpen 42, 22848 Norderstedt

school
skóli

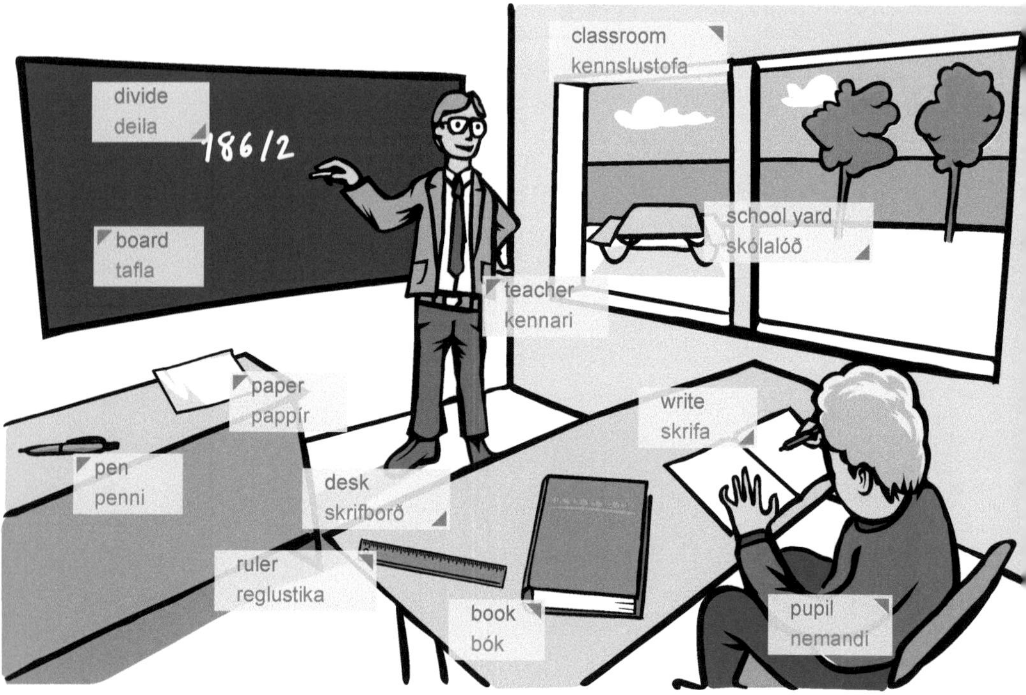
classroom
kennslustofa
divide
deila
186/2
board
tafla
school yard
skólalóð
teacher
kennari
paper
pappír
write
skrifa
pen
penni
desk
skrifborð
ruler
reglustika
book
bók
pupil
nemandi

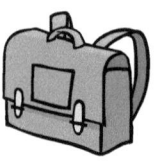

satchel
skólataska

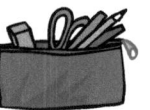

pencil case
pennaveski

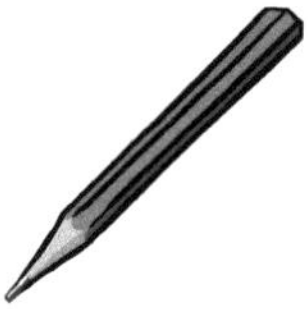

pencil
blýantur

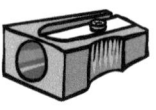

pencil sharpener
yddari

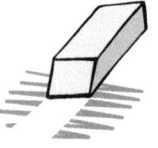

rubber
strokleður

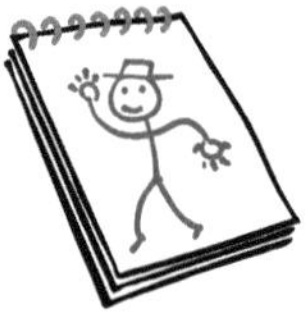

drawing pad
teikniblað

drawing

teikning

paintbrush

pensill

paint box

litakassi

scissors

skæri

glue

lím

exercise book

æfingabók

homework

heimavinna

number

númer

add

leggja saman

subtract

draga frá

multiply

margfalda

calculate

reikna

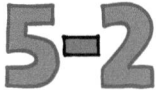

letter

bréf

alphabet

stafróf

word

orð

text

texti

read

lesa

chalk

krít

lesson

kennslustund

register

kladdi

examination

próf

certificate

vottorð

school uniform

skólabúningur

education

menntun

encyclopedia

alfræðirit

university

háskóli

microscope

smásjá

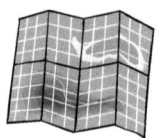

map

kort

waste-paper basket

ruslakarfa

travel
ferðalög

Grand
hotel
hótel
hostel
farfuglaheimili
currency exchange office
gjaldeyrisskipti
car
bíll

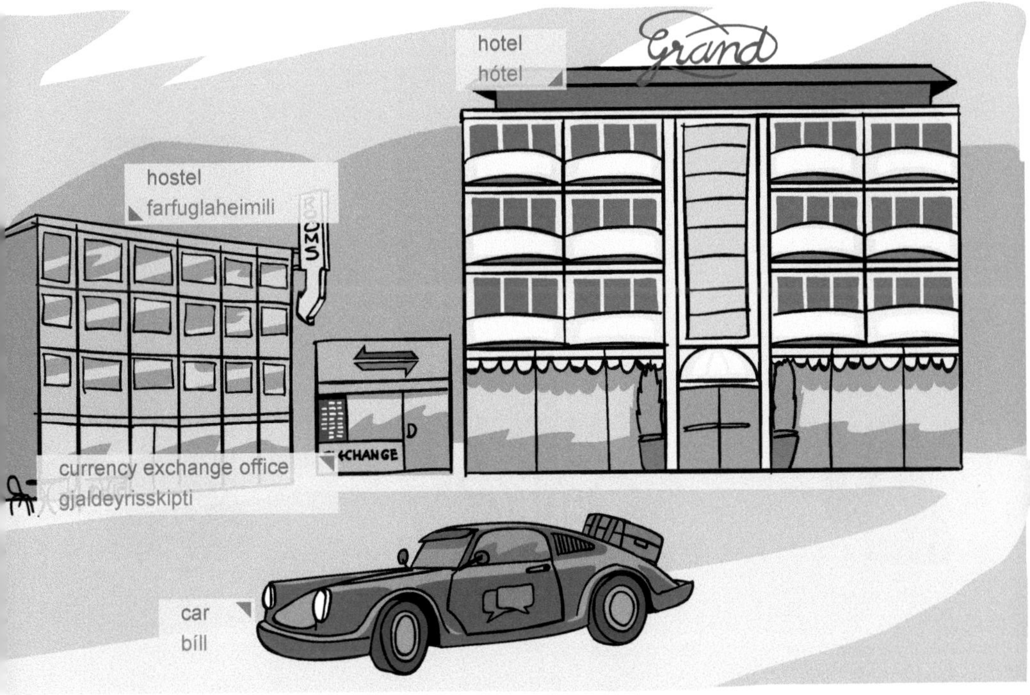

language
tungumál

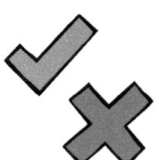

yes / no
já / nei

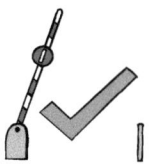

Okay
allt í lagi

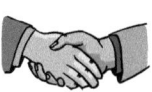

hello
halló

translator
þýðandi

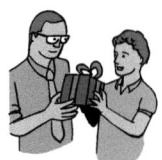

Thank you
takk fyrir

how much is...?

hvað kostar...?

I don't get it

Ég skil ekki

problem

vandamál

Good evening!

Gott kvöld!

Good morning!

Góðan dag!

Good night!

Góða nótt!

goodbye

bless bless

direction

átt

luggage

farangur

bag

taska

backpack

bakpoki

guest

gestur

room

herbergi

sleeping bag

svefnpoki

tent

tjald

tourist information

upplýsingamiðstöð

beach

strönd

credit card

kreditkort

breakfast

morgunverður

lunch

hádegisverður

dinner

kvöldmatur

Ticket

farmiði

elevator

lyfta

stamp

frímerki

border

landamæri

customs

tollur

embassy

sendiráð

visa

vegabréfsáritun

passport

vegabréf

transport
samgöngur

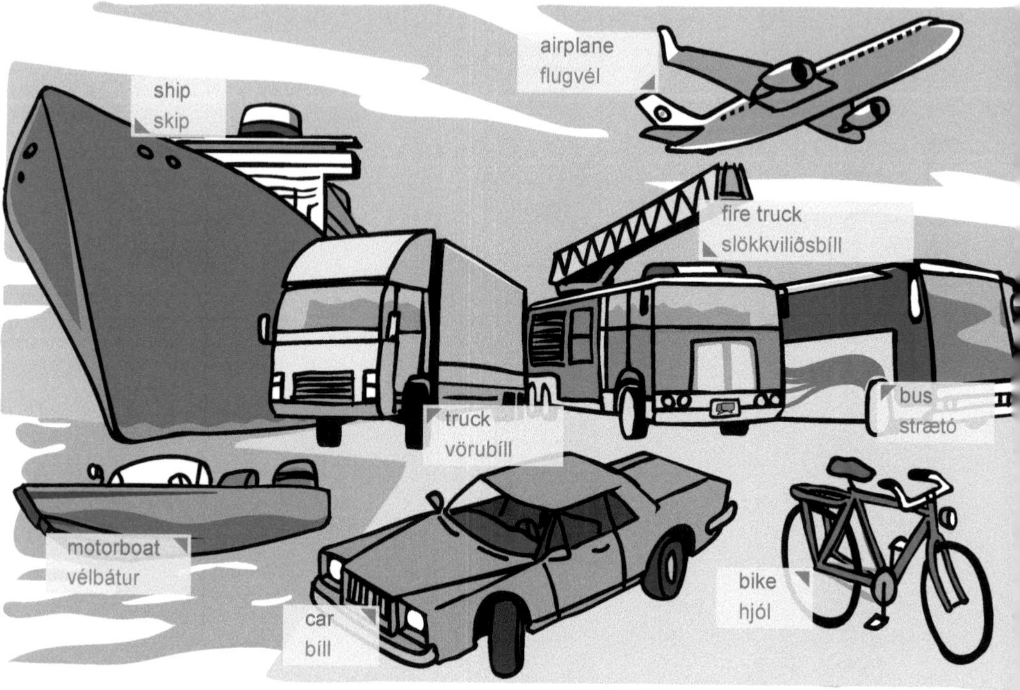
airplane
flugvél
ship
skip
fire truck
slökkviliðsbíll
truck
vörubíll
bus
strætó
motorboat
vélbátur
bike
hjól
car
bíll

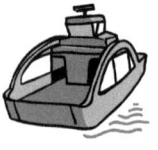

ferry

ferja

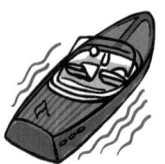

boat

bátur

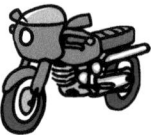

motorbike

mótorhjól

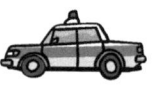

police car

lögreglubíll

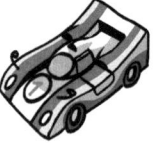

racing car

kappakstursbíll

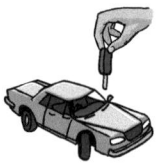

rental car

bílaleigubíll

car sharing

bílasamneyti

tow truck

dráttarbíll

garbage truck

öskubíll

engine

vél

fuel

eldsneyti

fuel station

bensínstöð

traffic sign

umferðarskilti

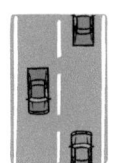

traffic

umferð

traffic jam

umferðarteppa

parking lot

bílastæði

train station

lestarstöð

tracks

járnbrautarteinar

train

lest

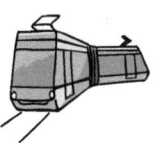

tram

sporvagn

wagon

vagn

helicopter
þyrla

airport
flugvöllur

tower
turn

passenger
farþegi

container
gámur

carton
pappakassi

cart
kerra

basket
karfa

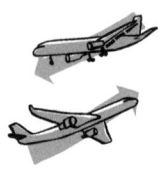

take off / land
takast á loft / lenda

city
borg

village
þorp

city center
miðbær

house
hús

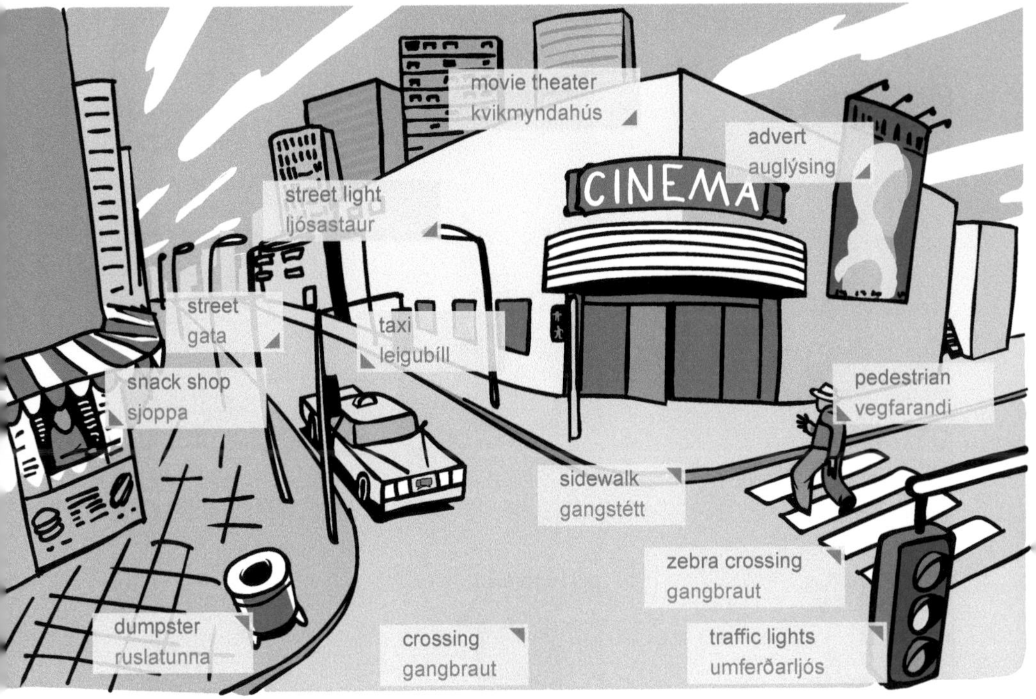

movie theater
kvikmyndahús

advert
auglýsing

street light
ljósastaur

CINEMA

street
gata

taxi
leigubíll

snack shop
sjoppa

pedestrian
vegfarandi

sidewalk
gangstétt

zebra crossing
gangbraut

dumpster
ruslatunna

crossing
gangbraut

traffic lights
umferðarljós

hut

skáli

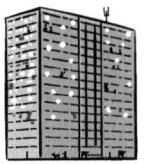

apartment

íbúð

train station

lestarstöð

city hall

ráðhús

museum

safn

school

skóli

university

háskóli

bank

banki

hospital

sjúkrahús

hotel

hótel

pharmacy

apótek

office

skrifstofa

book shop

bókabúð

shop

búð

flower shop

blómabúð

supermarket

kjörbúð

market

markaður

department store

stórmarkaður

fishmonger's shop

fiskbúð

mall

verslunarmiðstöð

harbor

höfn

park

almenningsgarður

bench

bekkur

bridge

brú

stairs

stigi

subway

neðanjarðarlest

tunnel

göng

bus stop

biðstöð

bar

bar

restaurant

veitingastaður

postbox

pósthassi

street sign

götuskilti

parking meter

stöðumælir

zoo

dýragarður

swimming pool

sundlaug

mosque

moska

farm
bær

pollution
mengun

cemetery
kirkjugarður

church
kirkja

playground
leiksvæði

temple
musteri

landscape
landslag

signpost
leiðarvísir

path
leið

meadow
engi

stone
steinn

hiker
göngufólk

tree
tré

river
á

grass
gras

flower
blóm

valley

dalur

hill

hæð

lake

stöðuvatn

forest

skógur

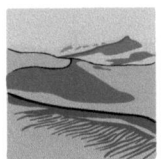

desert

eyðimörk

volcano

eldfjall

castle

kastali

rainbow

regnbogi

mushroom

sveppur

palm tree

pálmatré

mosquito

moskítófluga

fly

fluga

ant

maur

bee

býfluga

spider

kónguló

beetle

bjalla

frog

froskur

squirrel

íkorni

hedgehog

broddgöltur

hare

héri

owl

ugla

bird

fugl

swan

svanur

boar

villisvín

deer

dádýr

moose

elgur

dam

stífla

wind turbine

vindmylla

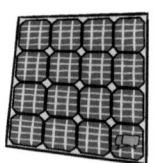

solar panel

sólarrafhlaða

climate

loftslag

landscape - landslag

restaurant
veitingastaður

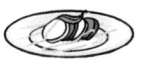

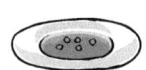

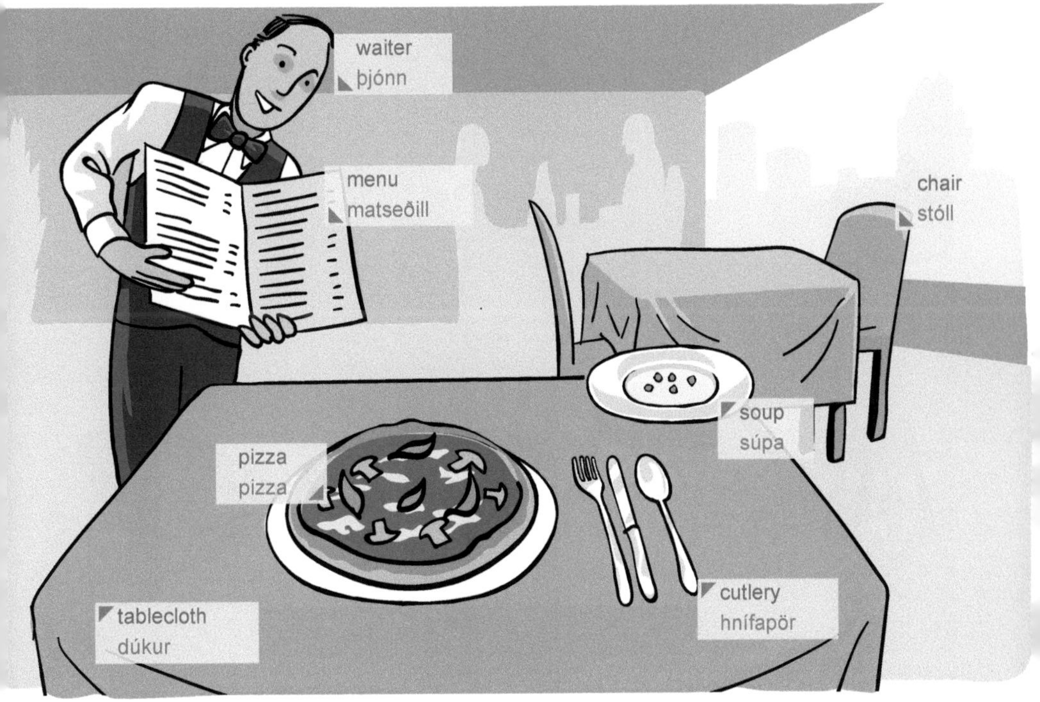
waiter
þjónn
menu
matseðill
chair
stóll
soup
súpa
pizza
pizza
cutlery
hnífapör
tablecloth
dúkur

starter

forréttur

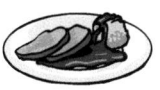

main course

aðalréttur

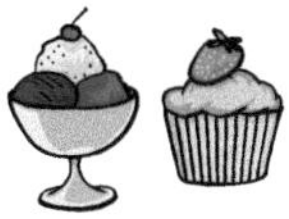

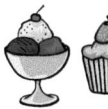

dessert

eftirréttur

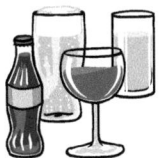

drinks

drykkir

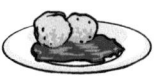

food

matur

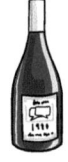

bottle

flaska

fast food

skyndibiti

street food

götumatur

teapot

teketill

sugar bowl

sykurskál

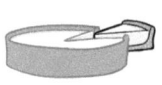

portion

skammtur

espresso machine

espressovél

high chair

barnastóll

bill

reikningur

tray

bakki

knife

hnífur

fork

gaffall

spoon

skeið

teaspoon

teskeið

serviette

servíetta

glass

glas

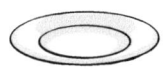

plate

diskur

soup plate

súpudiskur

saucer

undirskál

sauce

sósa

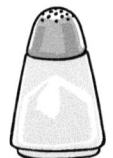

salt shaker

saltstaukur

pepper mill

piparkvörn

vinegar

edik

oil

olía

spices

krydd

ketchup

tómatsósa

mustard

sinnep

mayonnaise

majónes

supermarket
kjörbúð

special offer
tilboð
FOR
customer
viðskiptavinur
dairy products
mjólkurvörur
fruit
ávöxtur
shopping cart
búðarkerra

BUTCHERS

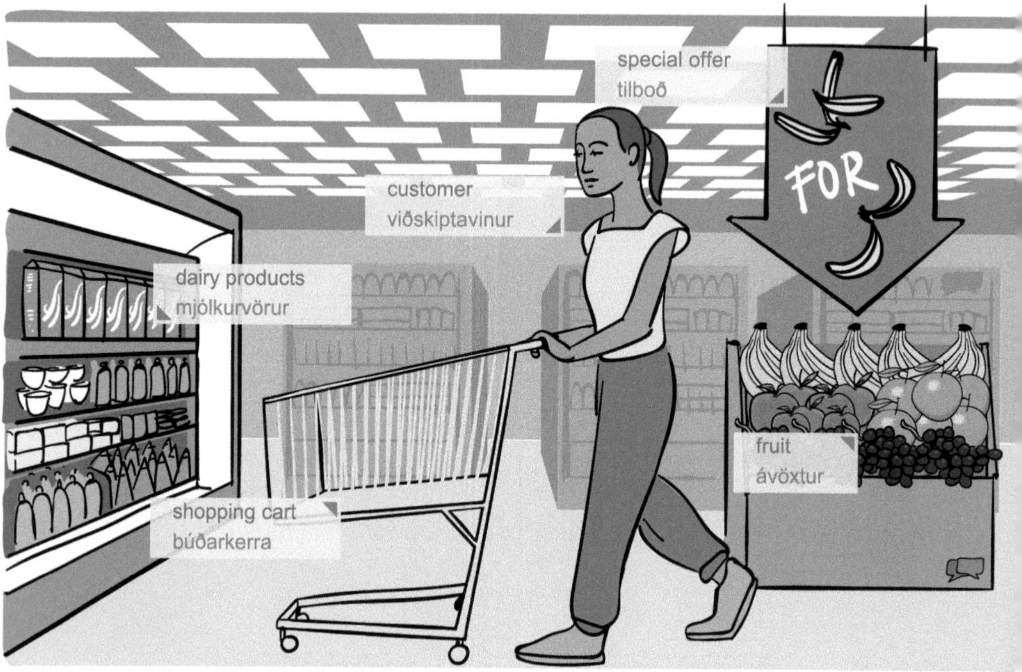

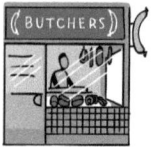

butcher's shop

slátrari

BAKERY

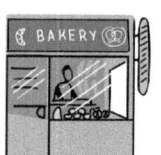

bakery

bakarí

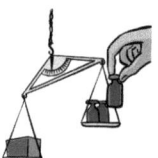

weigh

vega

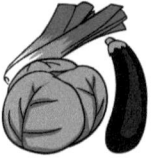

vegetables

grænmeti

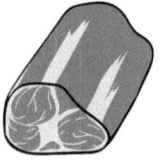

meat

kjöt

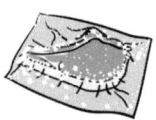

frozen food

frosinn matur

cold cuts

kjötálegg

canned food

niðursoðinn matur

detergent

þvottaefni

candy

sælgæti

household products

vörur til heimilisnota

cleaning products

hreinsiefni

sales representative

afgreiðslukona

cash register

afgreiðslukassi

cashier

gjaldkeri

shopping list

innkaupalisti

opening hours

opnunartímar

wallet

veski

credit card

kreditkort

bag

poki

plastic bag

plastpoki

supermarket - kjörbúð

water

vatn

juice

safi

milk

mjólk

coke

kók

wine

vín

beer

bjór

alcohol

áfengi

cocoa

kakó

tea

te

coffee

kaffi

espresso

espresso

cappuccino

kaffi

banana

banani

apple

epli

orange

appelsínugulur

melon

melóna

lemon

sítróna

carrot

gulrót

garlic

hvítlaukur

bamboo

bambus

onion

laukur

mushroom

sveppir

nuts

hnetur

noodles

núðlur

spaghetti

spagettí

rice

hrísgrjón

salad

salat

fries

franskar kartöflur

fried potatoes

steiktar kartöflur

pizza

pizza

hamburger

hamborgari

sandwich

samloka

escalope

snitsel

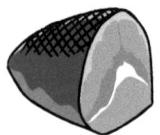

ham

skinka

salami

salami

sausage

pylsa

chicken

kjúklingur

roast

steik

fish

fiskur

porridge oats

haframjöl

muesli

músli

cornflakes

kornflögur

flour

hveiti

croissant

franskt horn

bread roll

smábrauð

bread

brauð

toast

ristað brauð

cookies

kex

butter

smjör

curd

ystingur

cake

kaka

egg

egg

fried egg

spælt egg

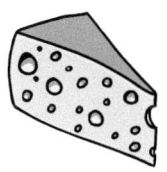

cheese

ostur

food - matur

ice cream

ís

sugar

sykur

honey

hunang

jelly

sulta

nougat cream

súkkulaðiálegg

curry

karrý

goat

geit

cow

kýr

calf

kálfur

pig

svín

piglet

grís

bull

naut

goose

gæs

duck

önd

chick

ungi

hen

hæna

cockerel

hani

rat

rotta

cat

köttur

mouse

mús

ox

uxi

dog

hundur

dog house

hundakofi

garden hose

garðslanga

watering can

garðkanna

scythe

ljár

plow

plógur

sickle

sigð

hoe

hlújárn

pitchfork

heygaffall

axe

öxi

pushcart

hjólbörur

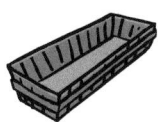

trough

trog

milk can

mjólkurfata

sack

poki

fence

girðing

stable

gripahús

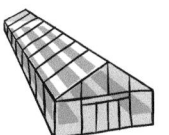

greenhouse

gróðurhús

soil

jarðvegur

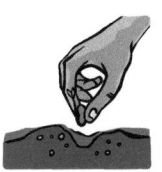

seed

fræ

fertilizer

áburður

combine harvester

kornskurðarvél

harvest

uppskera

harvest

uppskera

yams

kínverskar kartöflur

wheat

hveiti

soya

soja

potato

kartafla

corn

maís

rapeseed

repja

fruit tree

ávaxtatré

manioc

maníókarót

grain

korn

house
hús

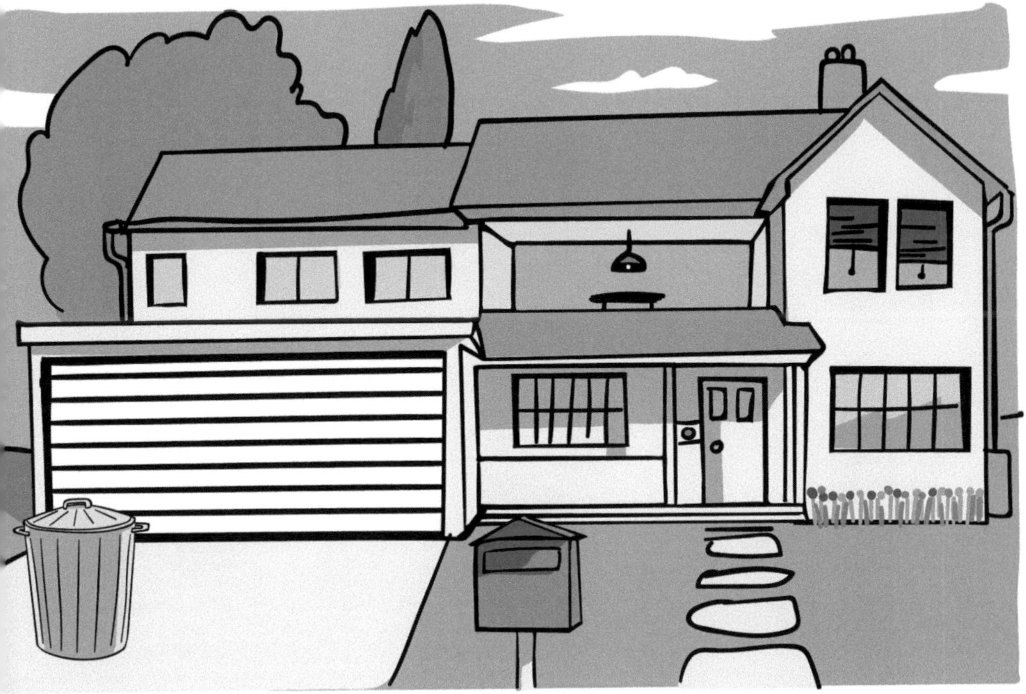

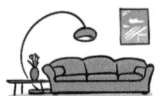

living room

stofa

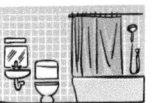

bathroom

baðherbergi

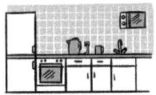

kitchen

eldhús

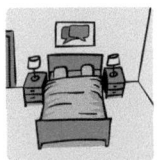

bedroom

svefnherbergi

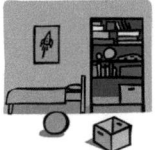

kids room

barnaherbergi

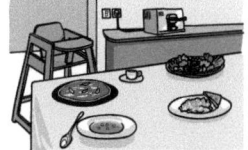

dining room

borðstofa

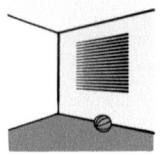

floor

gólf

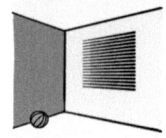

wall

veggur

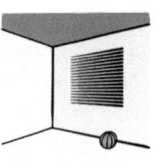

ceiling

loft

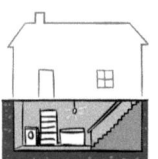

cellar

kjallari

sauna

gufubað

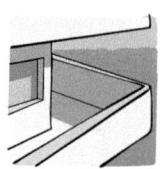

balcony

svalir

terrace

verönd

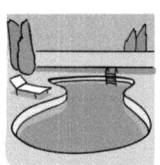

pool

sundlaug

lawn mower

sláttuvél

sheet

lak

bedspread

rúmteppi

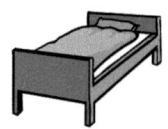

bed

rúm

broom

kústur

bucket

fata

switch

rofi

living room
stofa

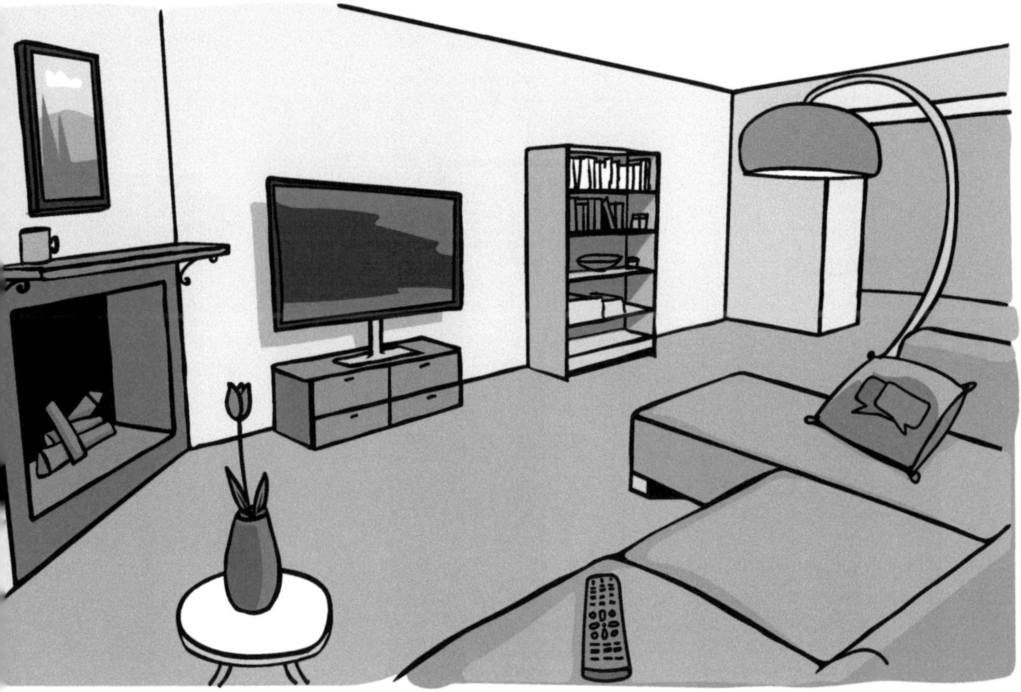

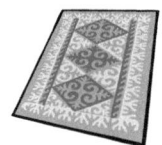

carpet

teppi

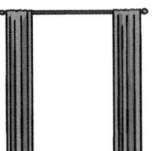

drape

gardínur

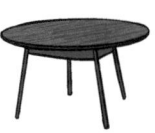

table

borð

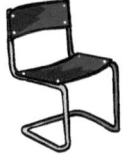

chair

stóll

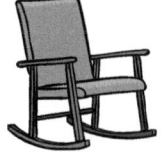

rocking chair

ruggustóll

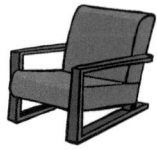

armchair

hægindastóll

book

bók

blanket

sæng

decoration

skraut

firewood

eldiviður

film

mynd

stereo system

hljómflutningstæki

key

lykill

newspaper

dagblað

painting

málverk

poster

veggspjald

radio

útvarp

notebook

minnisbók

vacuum cleaner

ryksuga

cactus

kaktus

candle

kerti

kitchen
eldhús

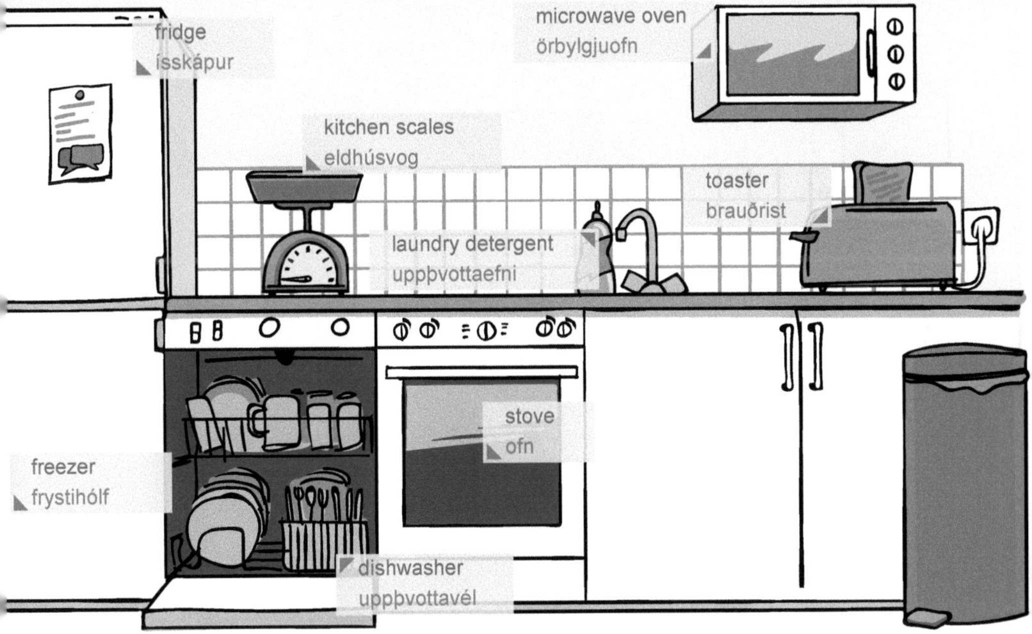
microwave oven
örbylgjuofn
fridge
ísskápur
kitchen scales
eldhúsvog
toaster
brauðrist
laundry detergent
uppþvottaefni
stove
ofn
freezer
frystihólf
dishwasher
uppþvottavél

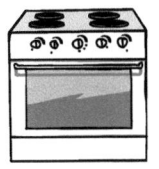

cooker
eldavél

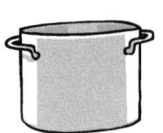

pot
pottur

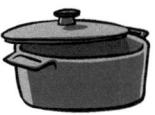

cast-iron pot
steypujárnspottur

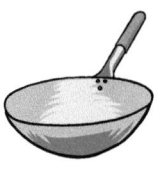

wok / kadai
wok/kadai

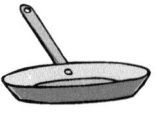

pan
panna

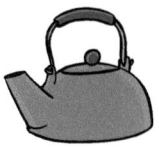

kettle
ketill

steamer

gufukarfa

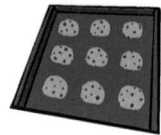

baking tray

ofnform

crockery

leirtau

mug

mál

bowl

skál

chopsticks

prjónar

ladle

ausa

spatula

spaði

whisk

pískur

strainer

sigti

sieve

málmsigti

grater

rifjárn

mortar

mortél

barbecue

grill

fireplace

opinn eldur

chopping board

skurðarbretti

rolling pin

kökukefli

corkscrew

tappatogari

can

dós

can opener

dósaopnari

oven cloth

pottaleppur

sink

vaskur

brush

bursti

sponge

svampur

blender

blandari

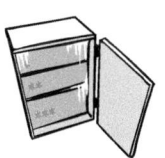

deep freezer

frystir

baby bottle

peli

tap

blöndunartæki

bathroom
baðherbergi

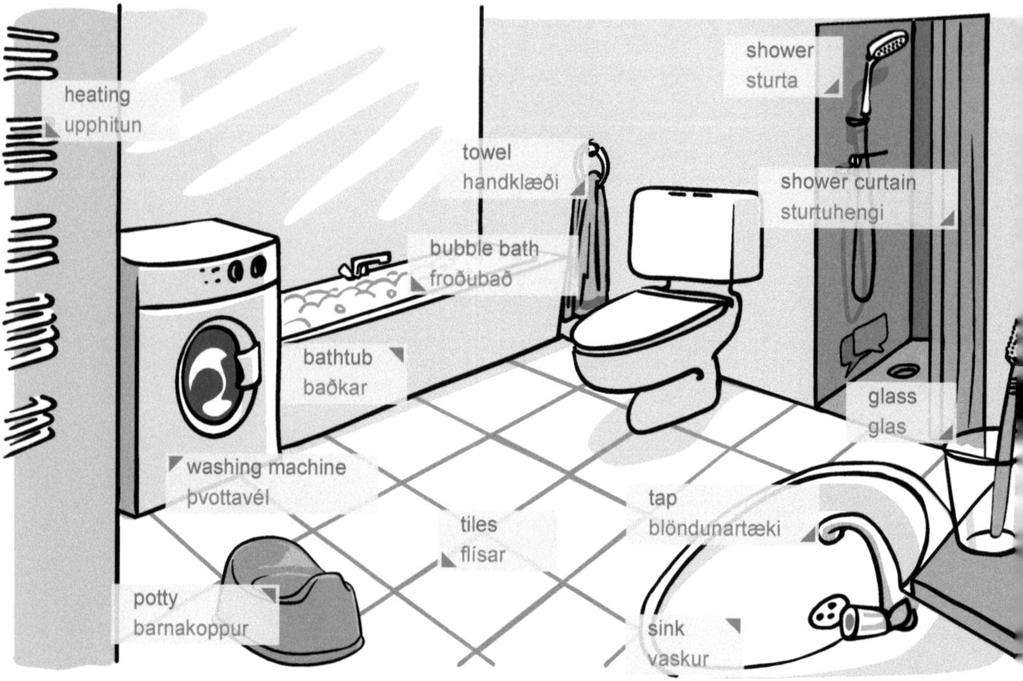
heating
upphitun
towel
handklæði
shower
sturta
shower curtain
sturtuhengi
bubble bath
froðubað
bathtub
baðkar
glass
glas
washing machine
þvottavél
tap
blöndunartæki
tiles
flísar
potty
barnakoppur
sink
vaskur

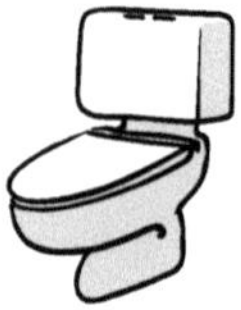
toilet
salerni

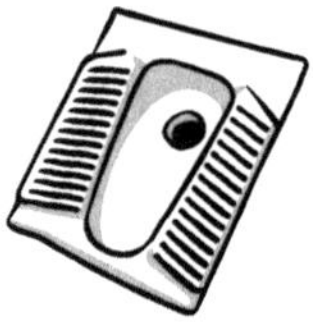
squat toilet
salerni án setu

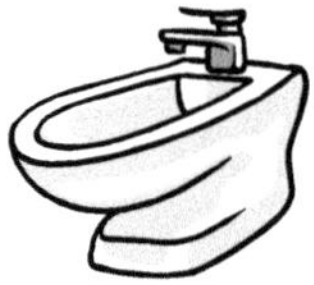
bidet
skolskál

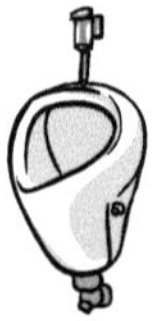
urinal
þvagskál

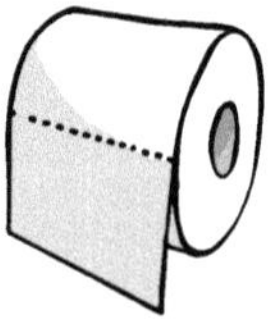
toilet paper
salernispappír

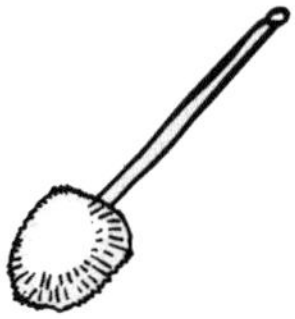
toilet brush
salernisbursti

toothbrush

tannbursti

toothpaste

tannkrem

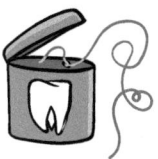

dental floss

tannþráður

wash

þvo

hand shower

handsturta

douche

salernissturta

basin

vaskur

back brush

bakbursti

soap

sápa

shower gel

sturtugel

shampoo

sjampó

flannel

flannel

drain

niðurfall

creme

krem

deodorant

svitalyktareyðir

mirror
spegill

hand mirror
handspegill

razor
rakskafa

shaving foam
raksápa

aftershave
rakspíri

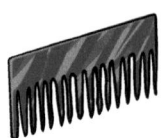

comb
greiða

brush
bursti

hair-dryer
hárþurrka

hairspray
hársprey

makeup
farði

lipstick
varalitur

nail varnish
naglalakk

cotton wool
bómull

nail scissors
naglaklippur

perfume
ilmvatn

washbag

þvottapoki

stool

kollur

weighing scales

vog

bathrobe

sloppur

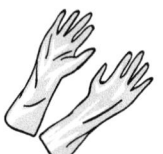

rubber gloves

gúmmíhanskar

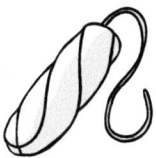

tampon

tíðatappi

sanitary towel

dömubindi

chemical toilet

efnasalerni

kids room
barnaherbergi

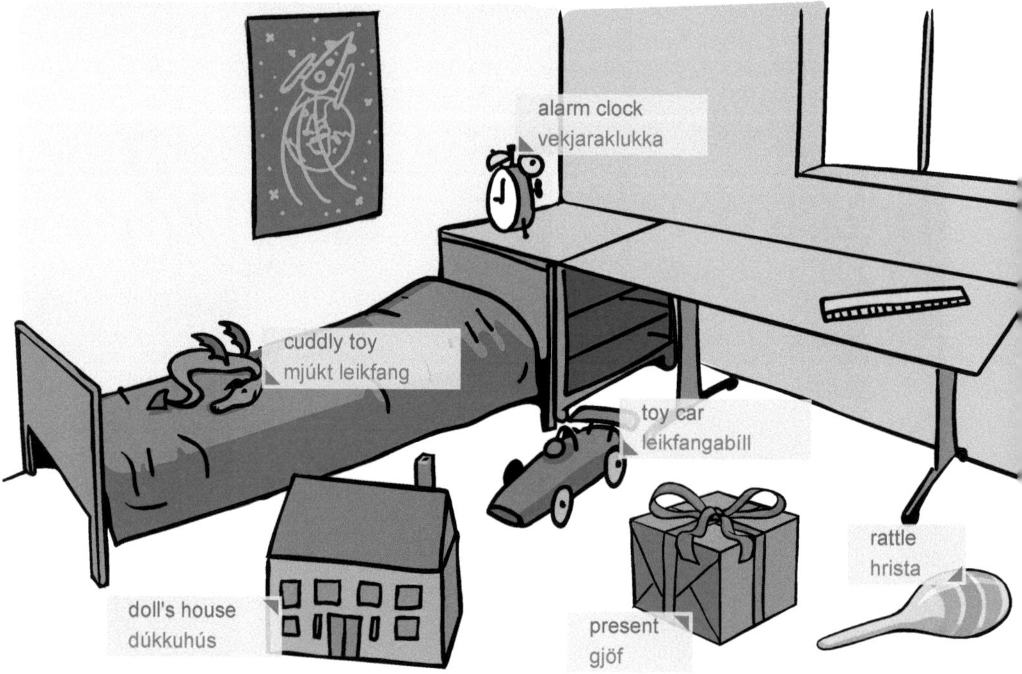
alarm clock
vekjaraklukka
cuddly toy
mjúkt leikfang
toy car
leikfangabíll
rattle
hrista
doll's house
dúkkuhús
present
gjöf

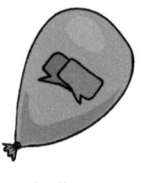

balloon

blaðra

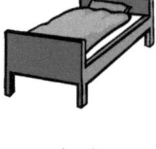

bed

rúm

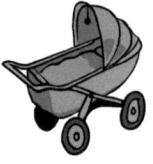

stroller

barnavagn

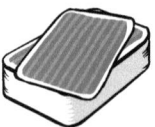

deck of cards

spilastokkur

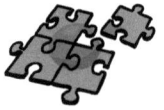

jigsaw

púsluspil

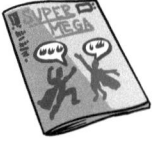

comic

myndasaga

lego bricks

legókubbar

toy blocks

leikfangakubbar

action figure

leikfangakall

romper suit

samfestingur

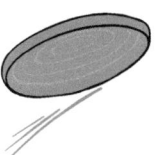

frisbee

Frisbídiskur

mobile

órói

board game

spilaborð

dice

teningar

model train set

lestarlíkan

pacifier

snuð

party

veisla

picture book

myndabók

ball

bolti

doll

brúða

play

spila

sandpit

sandkassi

swing

sveifla

toys

leikföng

video game console

leikjatölva

tricycle

þríhjól

teddy bear

bangsi

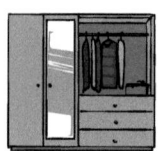

wardrobe

fataskápur

clothing

föt

socks

sokkar

stockings

kvensokkabuxur

tights

sokkabuxur

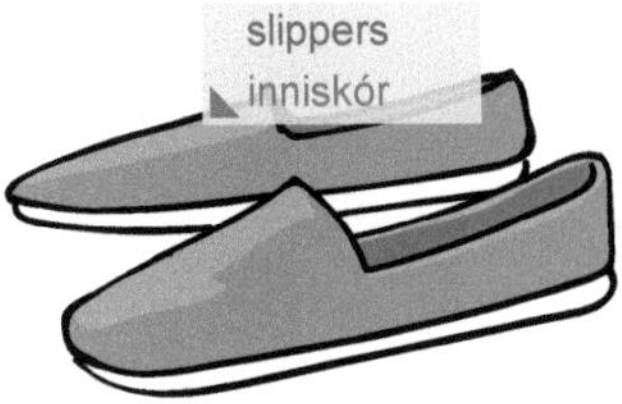

scarf
trefill

umbrella
regnhlíf

belt
belti

t-shirt
stuttermabolur

boots
skór

slippers
inniskór

sneakers
strigaskór

sandals
sandalar

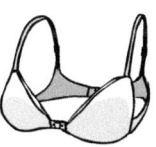

shoes
skór

rubber boots
gúmmístígvél

underwear
nærbuxur

bra
brjóstahaldari

undershirt
vesti

clothing - föt

body
samfella

pants
buxur

jeans
gallabuxur

skirt
pils

blouse
blússa

shirt
skyrta

pullover
peysa

sweater
hettupeysa

blazer
jakki

jacket
jakki

coat
frakki

raincoat
regnfrakki

costume
dragt

dress
kjóll

wedding dress
brúðarkjóll

46   clothing - föt

suit

jakkaföt

nightgown

náttkjóll

pajamas

náttföt

sari

Sari

headscarf

höfuðslæða

turban

túrban

burka

búrka

kaftan

kaftan

abaya

abaya

swimsuit

sundföt

trunks

sundbuxur

shorts

stuttbuxur

tracksuit

íþróttagalli

apron

svunta

gloves

hanskar

clothing - föt

button
hnappur

glasses
gleraugu

bracelet
armband

necklace
hálsmen

ring
hringur

earring
eyrnalokkur

cap
húfa

coat hanger
herðatré

hat
hattur

tie
bindi

zip
rennilás

helmet
hjálmur

braces
axlabönd

school uniform
skólabúningur

uniform
einkennisbúningur

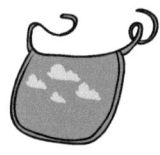

bib

smekkur

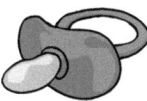

pacifier

snuð

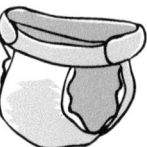

diaper

bleyja

office
skrifstofa

server
netþjónn
filing cabinet
skjalaskápur
printer
prentari
paper
pappír
monitor
skjár
mouse
mús
desk
skrifborð
folder
mappa
keyboard
lyklaborð
chair
stóll
waste-paper basket
ruslakarfa
computer
tölva

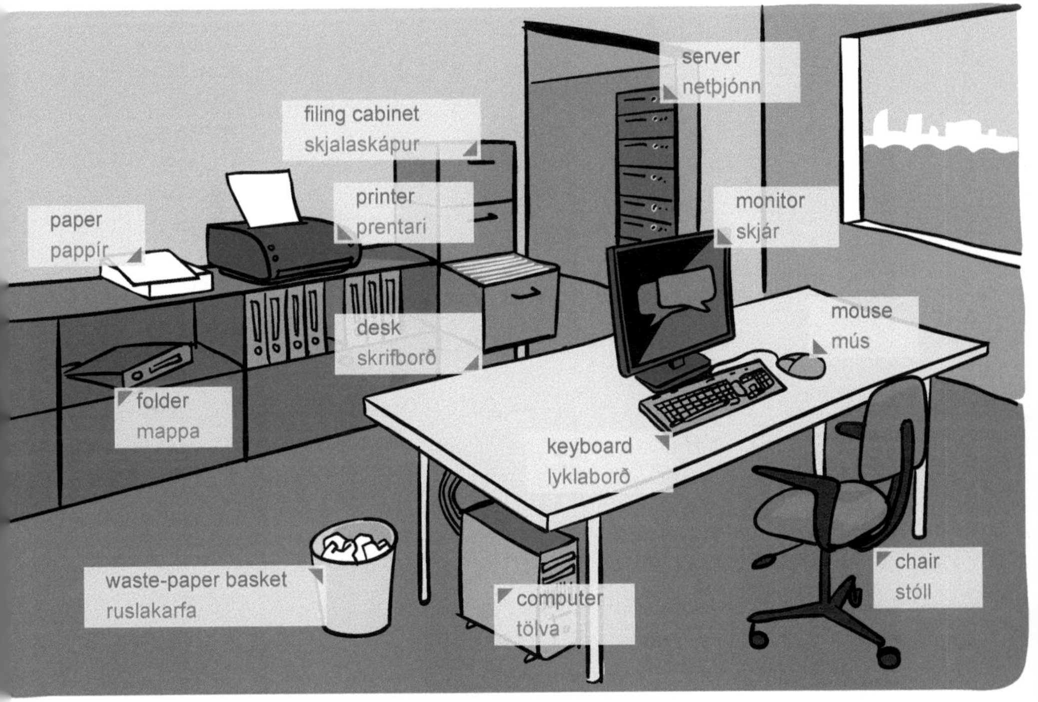

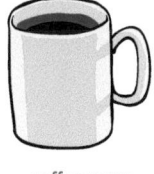

coffee mug

kaffibolli

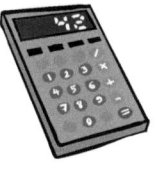

calculator

reiknivél

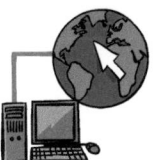

internet

internet

laptop
fartölva

letter
bréf

message
skilaboð

cell phone
farsími

network
net

photocopier
ljósritunarvél

software
hugbúnaður

telephone
sími

plug socket
innstunga

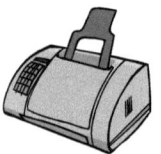

fax machine
faxtæki

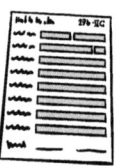

form
eyðublað

document
skjal

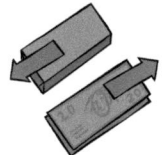

buy

kaupa

pay

borga

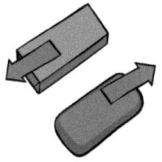

trade

versla

money

peningar

dollar

dollari

euro

evra

yen

jen

rouble

rúbla

Swiss franc

svissneskur franki

renminbi yuan

renminbi yuan

rupee

rúpíur

cash point

hraðbanki

currency exchange office

gjaldeyrisskipti

gold

gull

silver

silfur

oil

olía

energy

orka

price

verð

contract

samningur

tax

skattur

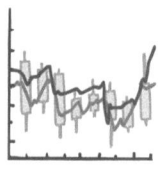

stock

hlutabréf

work

vinna

employee

starfsmaður

employer

vinnuveitandi

factory

verksmiðja

shop

búð

economy - hagkerfi

occupations
starfsgreinar

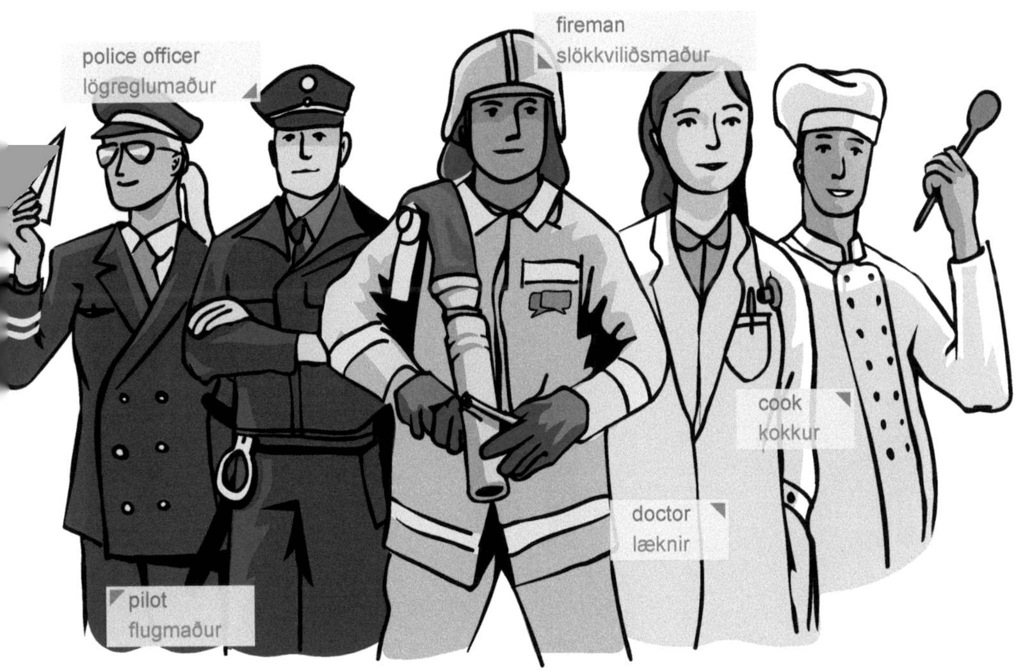

police officer
lögreglumaður
fireman
slökkviliðsmaður
cook
kokkur
doctor
læknir
pilot
flugmaður

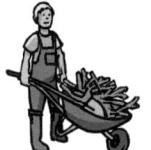

gardener

garðyrkjumaður

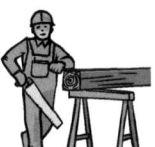

carpenter

smiður

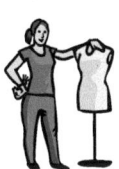

seamstress

saumakona

judge

dómari

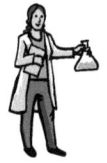

chemist

lyfjafræðingur

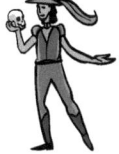

actor

leikari

bus driver

strætóbílstjóri

taxi driver

leigubílstjóri

fisherman

sjómaður

cleaning lady

ræstitæknir

roofer

þaksmiður

waiter

þjónn

hunter

veiðimaður

painter

málari

baker

bakari

electrician

rafvirki

builder

byggingaverkamaður

engineer

verkfræðingur

butcher

slátrari

plumber

pípari

postman

póstmaður

soldier

hermaður

architect

arkitekt

cashier

gjaldkeri

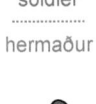

florist

blómasali

hairdresser

hárgreiðslumaður

conductor

lestarstjóri

mechanic

vélvirki

captain

skipstjóri

dentist

tannlæknir

scientist

vísindamaður

rabbi

rabbíi

imam

Imam

monk

munkur

pastor

prestur

tools
verkfæri

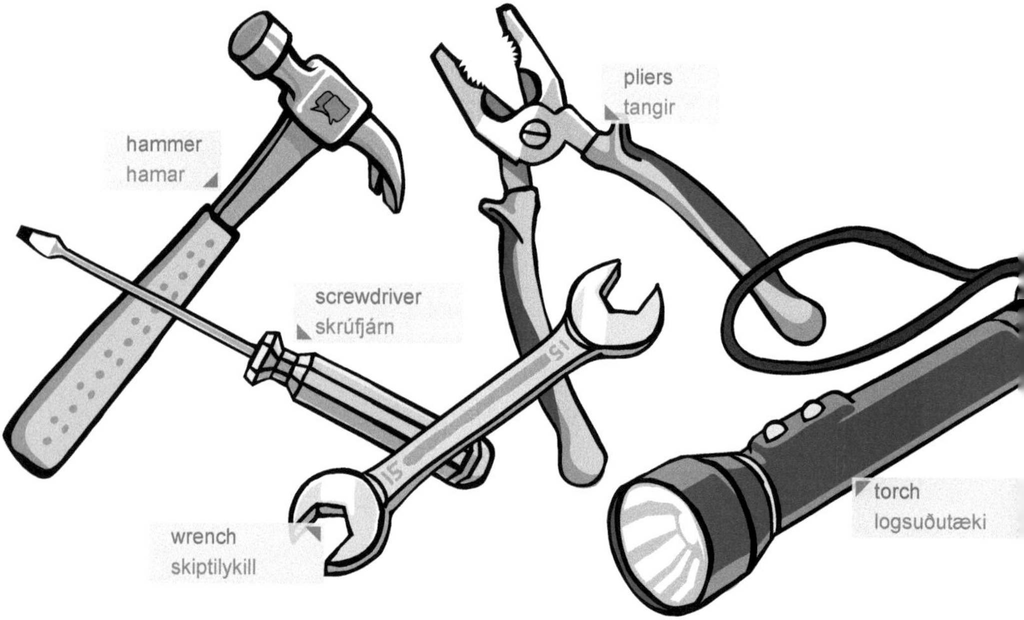
hammer
hamar
pliers
tangir
screwdriver
skrúfjárn
wrench
skiptilykill
torch
logsuðutæki

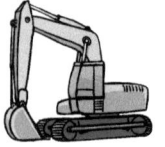

excavator

grafa

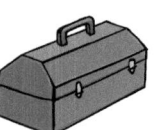

toolbox

verkfærataska

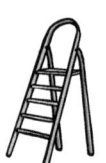

ladder

stigi

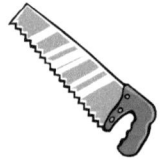

saw

sög

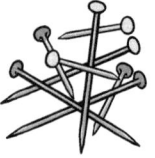

nails

naglar

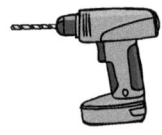

drill

bor

repair

gera við

shovel

skófla

Damn!

Fjandinn!

dustpan

fægiskófla

paint can

málningarfata

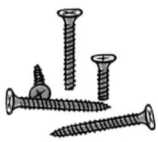

screws

skrúfur

musical instruments
hljóðfæri

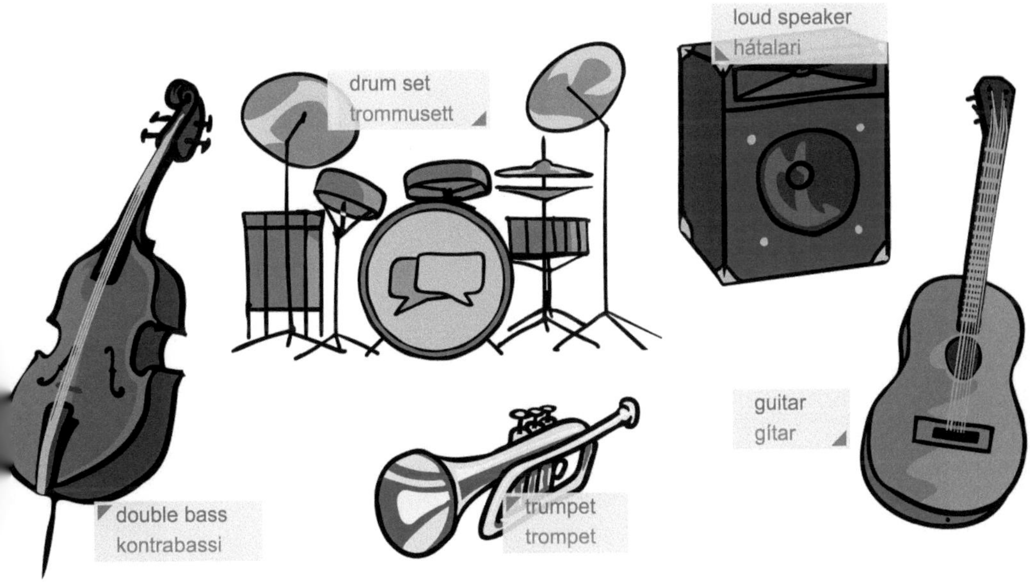

drum set
trommusett

loud speaker
hátalari

guitar
gítar

double bass
kontrabassi

trumpet
trompet

piano

píanó

violin

fiðla

bass

bassi

timpani

pákur

drums

trommur

keyboard

hljómborð

saxophone

saxófónn

flute

flauta

microphone

hljóðnemi

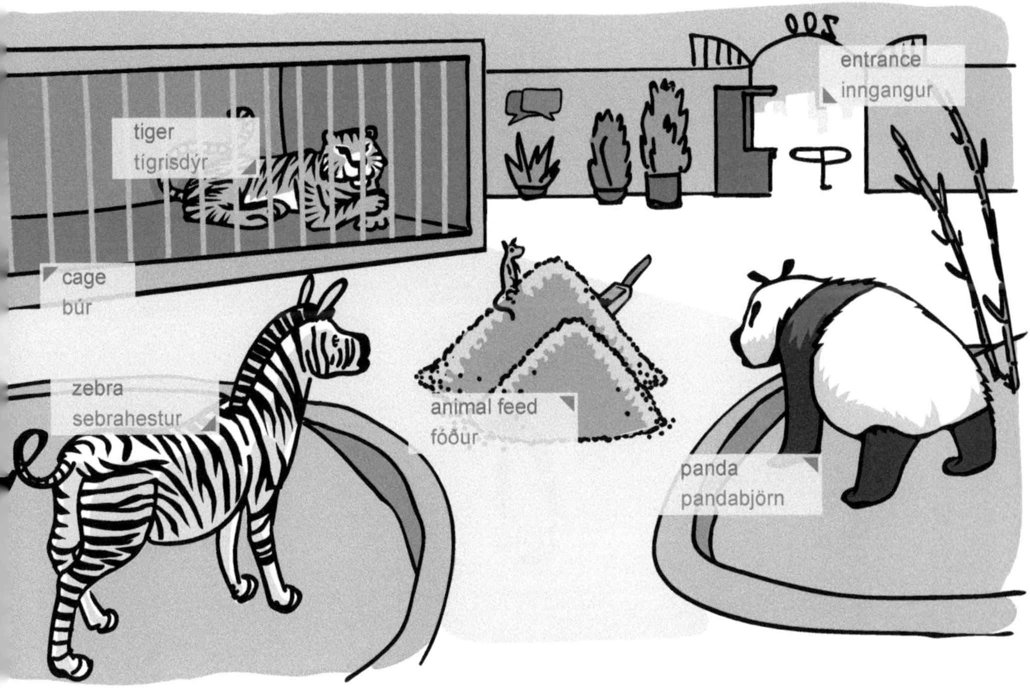

entrance
inngangur

tiger
tígrisdýr

cage
búr

zebra
sebrahestur

animal feed
fóður

panda
pandabjörn

animals
dýr

elephant
fíll

kangaroo
kengúra

rhino
nashyrningur

gorilla
górilla

bear
skógarbjörn

camel

úlfaldi

ostrich

strútur

lion

ljón

monkey

api

flamingo

flamingó

parrot

páfagaukur

polar bear

ísbjörn

penguin

mörgæs

shark

hákarl

peacock

páfugl

snake

snákur

crocodile

krókódíll

zookeeper

dýragarðsvörður

seal

selur

jaguar

jagúar

zoo - dýragarður

pony

hestur

leopard

hlébarði

hippo

flóðhestur

giraffe

gíraffi

eagle

örn

boar

villisvín

fish

fiskur

turtle

skjaldbaka

walrus

rostungur

fox

refur

gazelle

gasella

American football
Ameríkur fótbolti

cycling
hjólreiðar

tennis
tennis

basketball
körfubolti

swimming
sund

boxing
hnefaleikar

ice hockey
íshokkí

soccer
fótbolti

badminton
hnit

athletics
frjálsar íþróttir

handball
handbolti

skiing
skíði

polo
póló

laugh
hlæja

jump
hoppa

hug
faðma

walk
ganga

sing
syngja

dream
dreyma

pray
biðja

kiss
kyssa

write
skrifa

draw
teikna

show
sýna

push
ýta

give
gefa

take
taka

have

hafa

do

gera

be

vera

stand

standa

run

hlaupa

pull

draga

throw

kasta

fall

detta

lie

ljúga

wait

bíða

carry

bera

sit

sitja

get dressed

klæða sig

sleep

sofa

wake up

vakna

look at
líta á

cry
gráta

stroke
strjúka

comb
greiða

talk
tala

understand
skilja

ask
spyrja

listen
hlusta

drink
drekka

eat
borða

tidy up
taka til

love
elska

cook
elda

drive
keyra

fly
fljúga

sail

sigla

calculate

reikna

read

lesa

learn

læra

work

vinna

marry

giftast

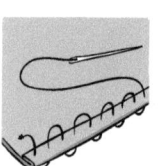

sew

sauma

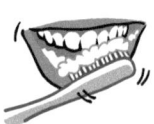

brush teeth

bursta tennur

kill

drepa

smoke

reykja

send

senda

family
fjölskylda

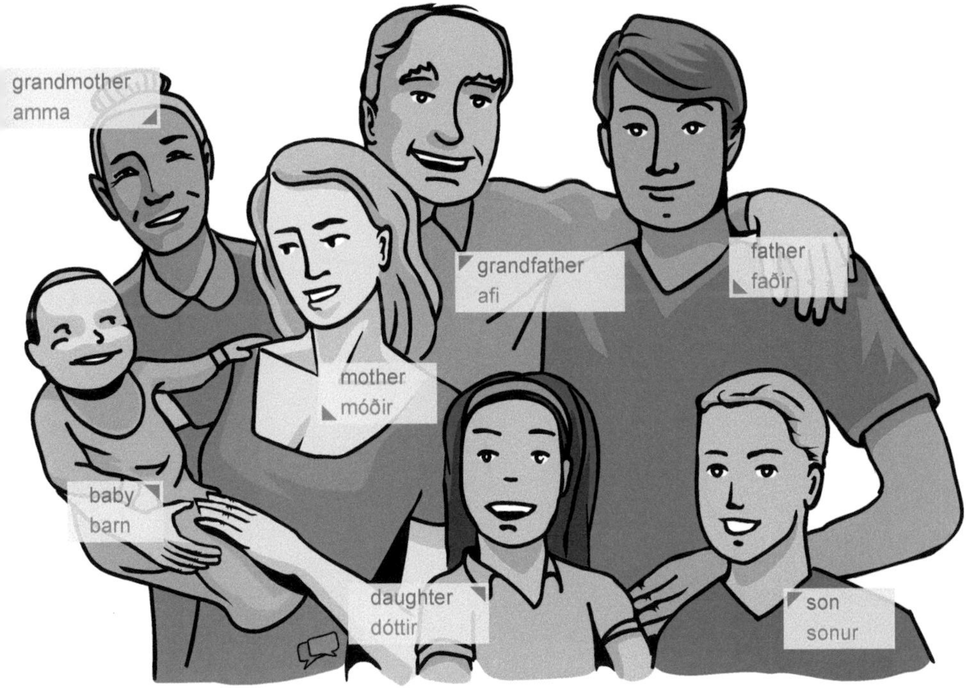
grandmother
amma
grandfather
afi
father
faðir
mother
móðir
baby
barn
daughter
dóttir
son
sonur

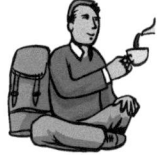

guest

gestur

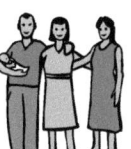

aunt

frænka

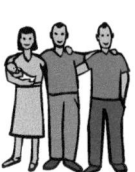

uncle

frændi

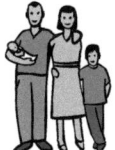

brother

bróðir

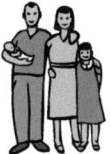

sister

systir

body
líkami

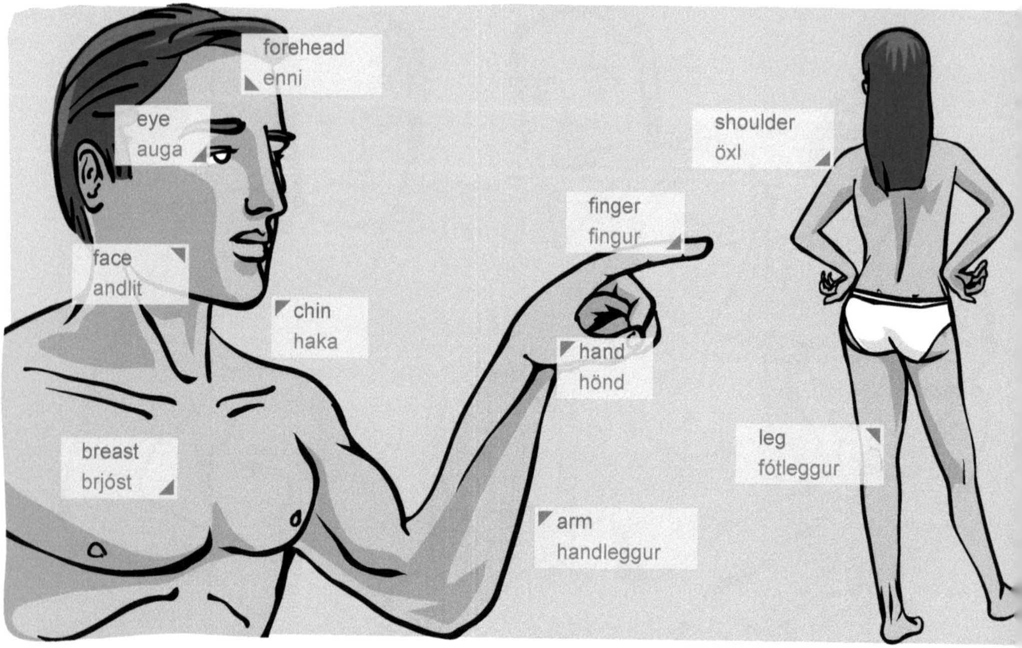

forehead
enni

eye
auga

shoulder
öxl

finger
fingur

face
andlit

chin
haka

hand
hönd

breast
brjóst

leg
fótleggur

arm
handleggur

baby
barn

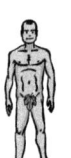

man
maður

woman
kona

girl
stúlka

boy
drengur

head
höfuð

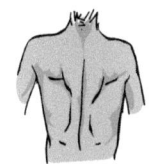

back

bak

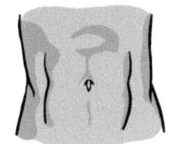

belly

kviður

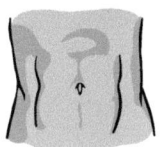

navel

nafli

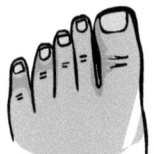

toe

tá

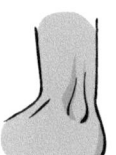

heel

hæll

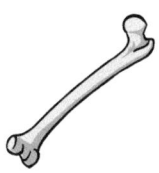

bone

bein

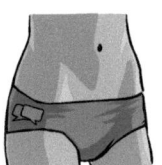

hip

mjöðm

knee

hné

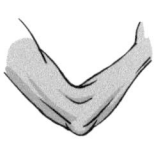

elbow

olnbogi

nose

nef

buttocks

rass

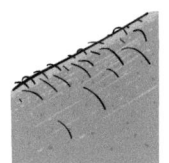

skin

húð

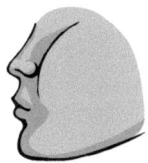

cheek

kinn

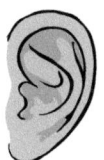

ear

eyra

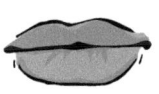

lip

vör

mouth

munnur

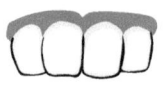

tooth

tönn

tongue

tunga

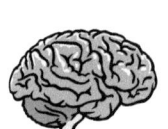

brain

heili

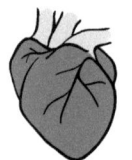

heart

hjarta

muscle

vöðvi

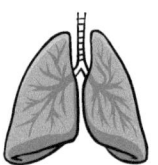

lung

lunga

liver

lifur

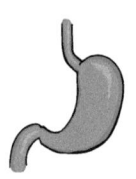

stomach

magi

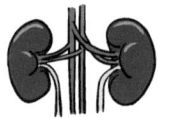

kidneys

nýru

sex

kynmök

condom

smokkur

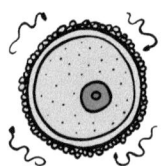

ovum

eggfruma

semen

sæði

pregnancy

ólétta

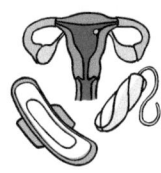

menstruation

tíðir

vagina

leggöng

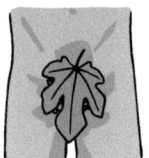

penis

typpi

eyebrow

augabrún

hair

hár

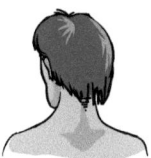

neck

háls

hospital
sjúkrahús

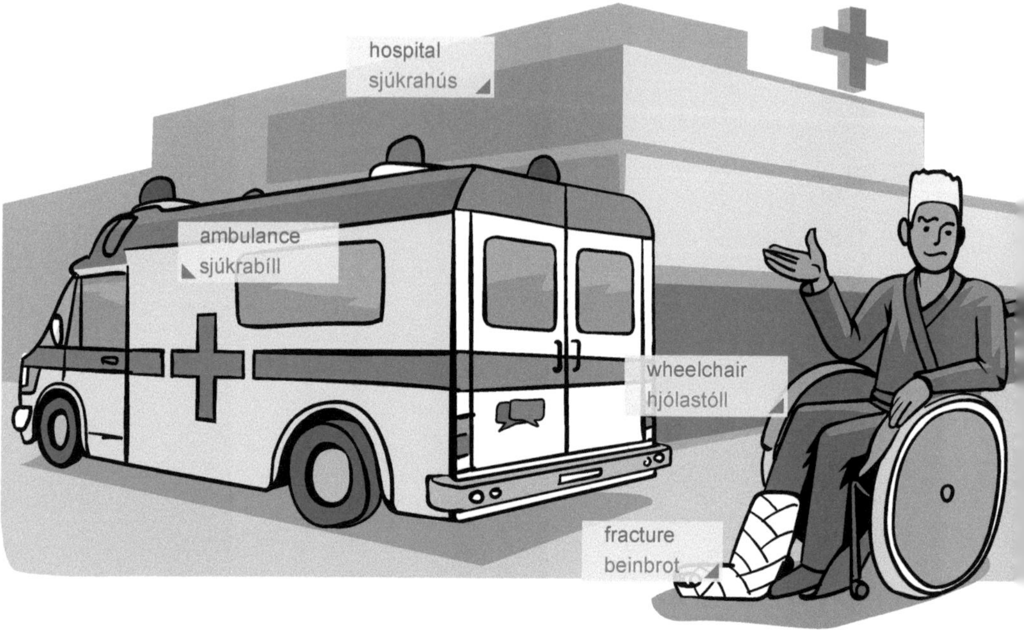

hospital
sjúkrahús
ambulance
sjúkrabíll
wheelchair
hjólastóll
fracture
beinbrot

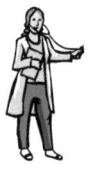

doctor

læknir

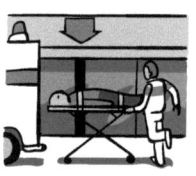

emergency room

bráðamóttaka

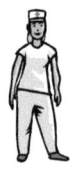

nurse

hjúkrunarfræðingur

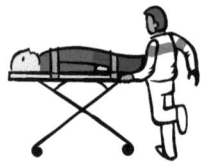

emergency

neyðartilvik

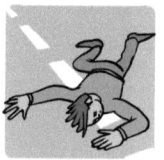

unconscious

meðvitundarlaus

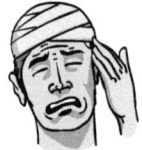

pain

verkir

injury

meiðsli

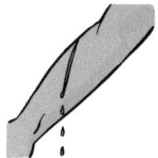

bleeding

blæðing

heart attack

hjartaáfall

stroke

heilablóðfall

allergy

ofnæmi

cough

hósti

fever

hiti

flu

flensa

diarrhea

niðurgangur

headache

höfuðverkur

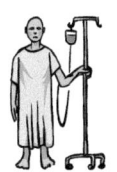

cancer

krabbamein

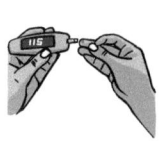

diabetes

sykursýki

surgeon

skurðlæknir

scalpel

skurðhnífur

operation

aðgerð

CT

sneiðmyndataka

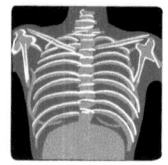

x-ray

röntgengeisli

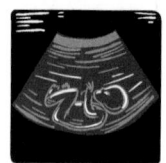

ultrasound

ómskoðun

face mask

andlitsgríma

disease

sjúkdómur

waiting room

biðstofa

crutch

hækja

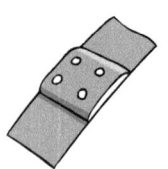

plaster

gifs

bandage

sáraumbúðir

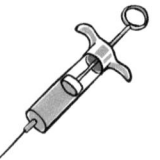

injection

sprauta

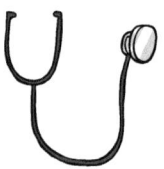

stethoscope

hlustunarpípa

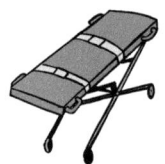

stretcher

börur

clinical thermometer

líkamshitamælir

birth

fæðing

overweight

yfirvigt

hospital - sjúkrahús

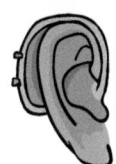

hearing aid

heyrnartæki

disinfectant

sótthreinsiefni

infection

sýking

virus

veira

HIV / AIDS

HIV / AIDS

medicine

lyf

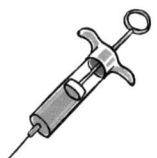

vaccination

bólusetning

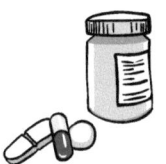

tablets

töflur

pill

pilla

emergency call

neyðarsímtal

blood pressure monitor

blóðþrýstingsmælir

ill / healthy

lasinn / heilbrigður

Help!	alarm	assault
Hjálp!	viðvörun	líkamsárás

attack	danger	emergency exit
árás	hætta	neyðarútgangur

Fire!	fire extinguisher	accident
Eldur!	slökkvitæki	slys
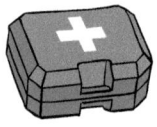		
first-aid kit	SOS	police
skyndihjálparbúnaður	SOS	lögregla

Europe

Evrópa

North America

Norður-Ameríka

South America

Suður-Ameríka

Africa

Afríka

Asia

Asía

Australia

Ástralía

Atlantic

Atlantshaf

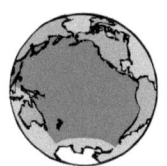

Pacific

Kyrrahaf

Indian Ocean

Indlandshaf

Antarctic Ocean

Suður-Íshaf

Arctic Ocean

Norður-Íshaf

North pole

Norðurpóll

South pole
Suðurpóll

Antarctica
Suðurskautslandið

earth
Jörð

land
land

sea
sjór

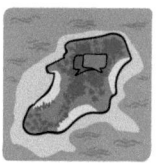

island
eyja

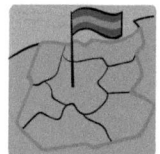

nation
þjóð

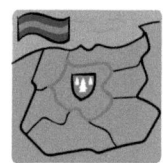

state
ríki

clock face

klukkuskífa

hour hand

litli vísir

minute hand

stóri vísir

second hand

sekúnduvísir

What time is it?

Hvað er klukkan?

day

dagur

time

tími

now

nú

digital watch

tölvuúr

minute

mínúta

hour

klukkustund

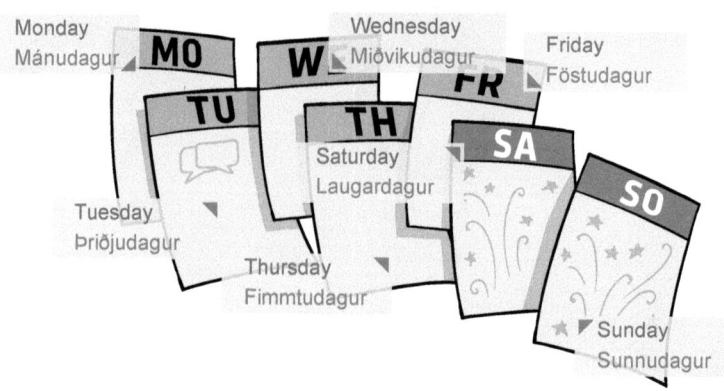

Monday
Mánudagur

Tuesday
Þriðjudagur

Wednesday
Miðvikudagur

Thursday
Fimmtudagur

Friday
Föstudagur

Saturday
Laugardagur

Sunday
Sunnudagur

yesterday

í gær

today

í dag

tomorrow

á morgun

morning

morgunn

noon

hádegi

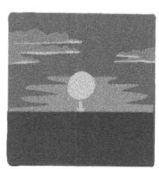

evening

kvöld

MO	TU	WE	TH	FR	SA	SU
1	2	3	4	5	6	7
8	9	10	11	12	13	14
15	16	17	18	19	20	21
22	23	24	25	26	27	28
29	30	31	1	2	3	4

workdays

virkir dagar

MO	TU	WE	TH	FR	SA	SU
1	2	3	4	5	6	7
8	9	10	11	12	13	14
15	16	17	18	19	20	21
22	23	24	25	26	27	28
29	30	31	1	2	3	4

weekend

helgi

year
ár

rain
rigning
spring
vor
summer
sumar
wind
vindur
fall
haust
snow
snjór
winter
vetur

4.APRIL 11°
5.APRIL 4°
6.APRIL 13°
7.APRIL 8°
8.APRIL 10°

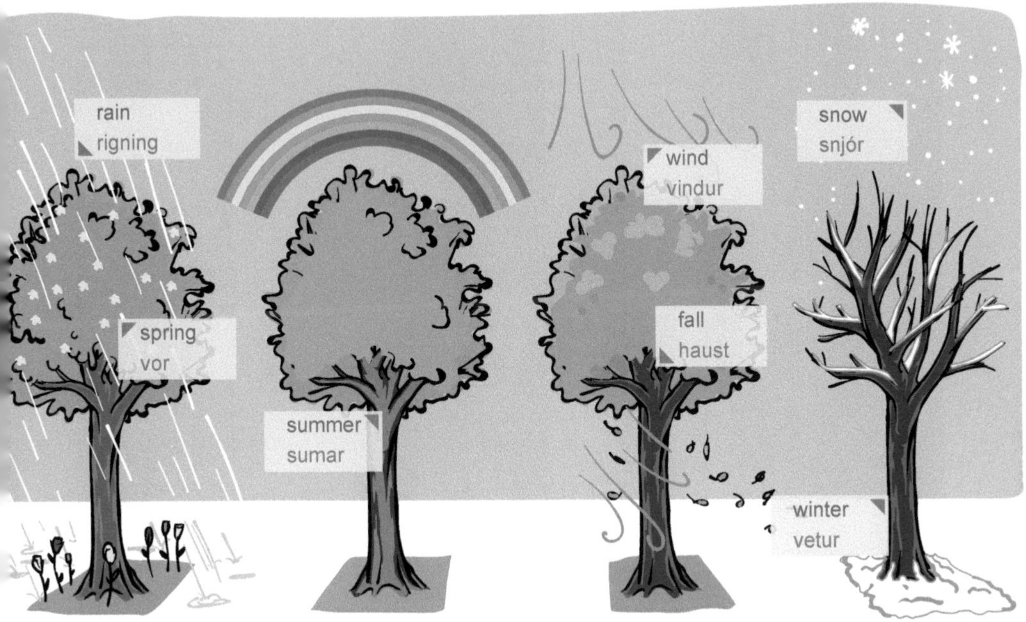

weather forecast
veðurspá

F
C
120
90
60
30
0
-30
40
30
20
10
0
-10
-20

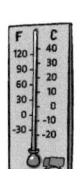

thermometer
hitamælir

sunshine
sólskin

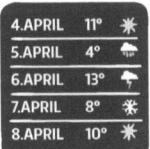

cloud
ský

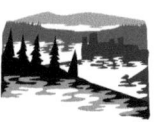

fog
þoka

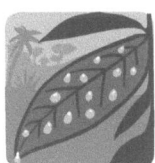

humidity
raki

lightning

eldingar

thunder

þrumuveður

storm

stormur

hail

haglél

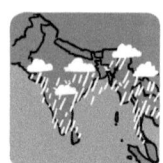

monsoon

monsún

flood

flóð

ice

ís

January

Janúar

February

Febrúar

March

Mars

April

Apríl

May

Maí

June

Júní

July

Júlí

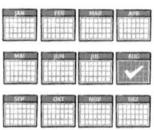

August

Ágúst

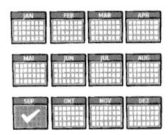

September
September

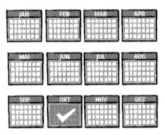

October
Október

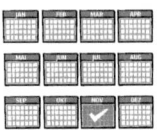

November
Nóvember

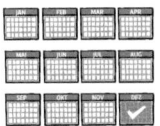

December
Desember

shapes
form

circle
hringur

square
ferningur

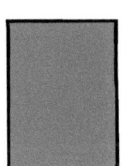

rectangle
rétthyrningur

triangle
þríhyrningur

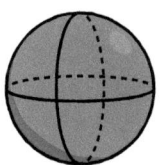

sphere
kúla

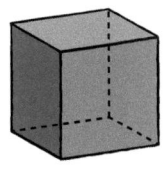

cube
teningur

white

hvítur

yellow

gulur

orange

appelsínugulur

pink

bleikur

red

rauður

purple

fjólublár

blue

blár

green

grænn

brown

brúnn

gray

grár

black

svartur

a lot / a little

mikið / lítið

angry / calm

reiður / rólegur

beautiful / ugly

fallegur / ljótur

beginning / end

upphaf / endir

big / small

stór / lítill

bright / dark

bjartur / dimmur

brother / sister

bróðir / systir

clean / dirty

hreinn / óhreinn

complete / incomplete

heill / ófullnægjandi

day / night

dagur / nótt

dead / alive

dauður / lifandi

wide / narrow

breiður / mjór

edible / inedible

ætur / óætur

evil / kind

vondur / góður

excited / bored

spenntur / leiður

fat / thin

feitur / mjór

first / last

fyrstur / síðastur

friend / enemy

vinur / óvinur

full / empty

fullur / tómur

hard / soft

harður / mjúkur

heavy / light

þungur / léttur

hunger / thirst

svangur / þyrstur

ill / healthy

lasinn / heilbrigður

illegal / legal

ólöglegur / löglegur

intelligent / stupid

greindur / heimskur

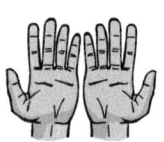

left / right

vinstri / hægri

near / far

nálægur / fjarlægur

new / used

nýr / notaður

nothing / something

ekkert / eitthvað

old / young

gamall / ungur

on / off

kveikt / slökkt

open / closed

opna / loka

quiet / loud

Lágvær / hávær

rich / poor

ríkur / fátækur

right / wrong

rétt / rangt

rough / smooth

grófur / sléttur

sad / happy

orgbitinn / hamingjusamur

short / long

stutt / lengi

slow / fast

hægt / hratt

wet / dry

blautur / þurr

warm / cool

heitur / kaldur

war / peace

stríð / friður

opposites - andstæður

numbers

tölur

0	**1**	**2**
zero	one	two
núll	einn	tveir
3	**4**	**5**
three	four	five
þrír	fjórir	fimm
6	**7**	**8**
six	seven	eight
sex	sjö	átta
9	**10**	**11**
nine	ten	eleven
níu	tíu	ellefu

12

twelve

tólf

13

thirteen

þrettán

14

fourteen

fjórtán

15

fifteen

fimmtán

16

sixteen

sextán

17

seventeen

sautján

18

eighteen

átján

19

nineteen

nítján

20

twenty

tuttugu

100

hundred

hundrað

1.000

thousand

þúsund

1.000.000

million

milljón

numbers - tölur

English

Enska

American English

Amerísk enska

Chinese Mandarin

Mandarin-kínverska

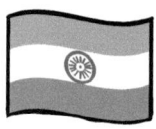

Hindi

Hindí

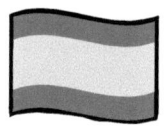

Spanish

Spænska

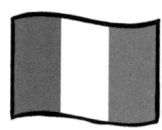

French

Franska

Arabic

Arabíska

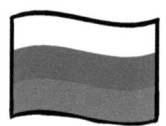

Russian

Rússneska

Portuguese

Portúgalska

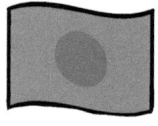

Bengali

Bengali

German

Þýska

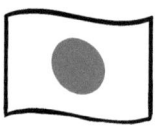

Japanese

Japanska

I

ég

you

þú

he / she / it

hann / hún / það

we

við

you

þú

they

þeir

who?

hver?

what?

hvað?

how?

hvernig?

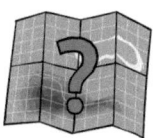

where?

hvar?

when?

hvenær?

name

nafn

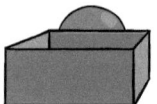

behind

bakvið

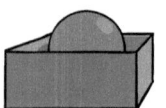

in

í

in front of

fyrir framan

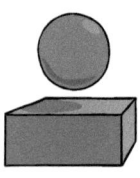

over

yfir

on

á

under

undir

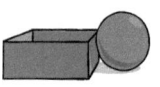

beside

við hliðina

between

milli

place

sæti